VOYAGE A TIVOLI.

VOYAGE

A

TIVOLI,

PAR M. D. M.

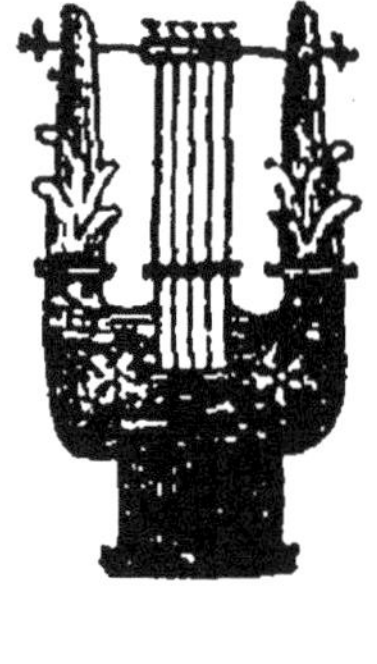

PARIS,

IMPRIMERIE DE GAULTIER-LAGUIONIE,

HOTEL DES FERMES.

1829.

Tivoli, 16 Mars 1828.

> Ni Sparte et ses vertus, ni Larisse et ses champs,
> N'excitent en mon cœur des transports si touchans
> Que les bois de Tibur aux ondoyantes cimes,
> Et l'Anio roulant d'abîmes en abîmes.
> Et les eaux d'Albunée épanchant leur trésor
> Au pied du vert pommier et de l'arbre aux fruits d'or.
>
> S. D.

J'ai accompli aujourd'hui mon pélerinage à la maison d'Horace. L'amitié et la gaîté, qui ne quittaient jamais ce favori des muses, étaient de la partie. Ces compagnes obligées du voyage, ont abrégé la route de moitié.

Munis d'un bon plan de la campagne de Rome, Horace en poche, la boite du botaniste sur le dos, nous enfilons pédestrement, le docteur et moi, l'antique voie Tiburtine. Il était environ cinq heures; un épais brouillard s'interposa la plus grande partie de la journée entre le soleil et nous, et nous priva de la plus grande jouissance du voyageur à pied, celle d'observer le pays.

Un tombeau élevé au plus vil courtisan du plus vil des maîtres, est le premier objet qui s'offre à notre curiosité. Pline lejeune nous a conservé l'inscription qu'y grava une lâche complaisance: « Pour récompenser l'attachement et la fidélité de Pallas envers ses patrons, le sénat lui a décerné les marques de distinction dont jouissent les préteurs, avec quinze millions de sesterces, et il s'est contenté du seul honneur. » Que cette inscription peint bien l'époque! Il ne reste plus de ce tombeau que quelques briques que la force du ciment dispute encore au temps; mais le lierre, comme s'il eût craint le contact du vice, ne le pare pas de sa verdure qui sied si bien aux tombeaux.

Jusque-là, la campagne ne présente que sécheresse et aridité; ici commence à se montrer quelque culture. Et tel est l'effet d'une nature cultivée, qu'il semble que nos idées deviennent plus riantes, et que nos poumons sont dilatés par un air plus suave. O campagne de Rome! que tu serais belle si l'orme et le platane ombrageaient tes sillons chargés des dons de la blonde Cérès!

Suivre la grande route, surtout lorsqu'on doit la reparcourir au retour, c'est trop commun. A l'auberge *del Forno*, qui marque les limites de la Sabine et du Latium, elle se débranche en deux parties. Prenons celle à gauche que la carte dénomme d'*Antiquissima*, elle conduit à *Monticelli*, remarquable par sa position : nous rabattrons sur Tivoli par les montagnes. Chemin faisant, et tout en causant, nous moissonnons le souci doré, l'anémone aux pâles couleurs, et la violette qui embaume l'air de son parfum. De distance en distance nous rencontrons des amas de briques qui paraissent avoir recueilli quelque cendre illustre, des débris de l'ancienne voie, des fragmens de marbres de toutes espèces, et jusqu'à des mosaïques. Nous arrivons enfin à la vue de *Monticelli*, placé comme l'aire de l'aigle au sommet d'un mont détaché et en forme de pain de sucre, qui semble servir de garde avancée aux monts *Corniculani*. Ce n'est pas sans peine que nous parvenons à y gravir; suant, haletant, nous gagnons l'*osteria* qu'on nous indique comme ce qu'il y a de mieux; à peine y trouvons-nous quelques œufs cuits sous la cendre, une éclanche de mouton, du méchant vin, que la faim et la soif nous font trouver délicieux. Le désir de nous examiner attire beaucoup de chalands, qui viennent à la file vider une bouteille à nos côtés. Personne n'est plus curieux que l'Italien, parce que personne n'est plus désœuvré. Un étranger ne saurait mettre le pied dans le moindre endroit, sans qu'à l'instant il soit entouré de tous les oisifs qui le toisent des pieds à la tête.

En attendant le café, que nous prépare l'hôtesse, qui a conservé les vestiges d'une belle femme, nous allons visiter la *forteresse Vecchia*; elle n'est ni ancienne ni bien intéressante. Notre guide n'a rien de plus pressé que de nous conduire dans une espèce de chambre, traversée par une poutre, où sans doute le seigneur châtelain faisait exécuter sur des serfs rétifs ses volontés arbitraires. C'est ici, nous dit mystérieusement notre guide, en faisant de la main le geste autour du cou, c'est ici que l'on pendait. Il nous montre ensuite une partie murée : l'intérieur renferme un trésor que le diable empêche de prendre. Ne voilà-t-il pas la fable de la toison d'or retrouvée ?

Après avoir pris une tasse de café, où il y avait autant à manger qu'à boire, nous

nous dirigeons à travers champs sur Tivoli, nous formons des conjectures sur des ruines que nous rencontrons. Le soleil avait déchiré le voile qui bornait l'horizon ; les plus beaux paysages se développent à nos regards enchantés.

Nous passons l'Anio sur un pont de bois qu'étaient les débris de l'ancien. Une vapeur qui s'élève au-dessus de la vallée nous indique l'endroit où murmurent les cascatelles. Le cultivateur regagnait sa chaumière, l'astre du jour avait fui derrière les montagnes.

Quel est cet édifice de forme ronde ? Il reçoit le jour par une ouverture pratiquée dans sa coupole hémisphérique, les festons de verdure dont elle est revêtue lui donnent l'aspect pittoresque; c'est le temple de la Toux. Les anciens croyaient se préserver des maladies en leur rendant des honneurs divins. La peste, la gale même eurent leurs temples chez les Romains; ils étaient ordinairement placés hors de la ville; les antiquaires ne voient dans celui de la Toux qu'un monument du 4e ou 5e siècle.

Enfin nous entrons dans Tivoli par une montée assez roide; les rues sont étroites, tout annonce la plus haute antiquité. Une moitié de l'ancienne porte est encore debout ; voilà la rainure où s'engrenait la herse qui la fermait. Les murs de grand nombre d'habitations sont en totalité ou en partie antiques. Tivoli, l'ancien Tibur, est adossé à une montagne sur le *Teverone*, que les anciens nommaient l'Anio; il sépare le Latium de la Sabine; on n'est point d'accord sur l'origine de Tivoli. Deux Arcadiens, Tibur et Catillus, venus de Grèce avec Évandre, contemporain de la guerre de Troie, auraient fondé cette ville, à laquelle le premier a laissé son nom. Horace en fait une colonie d'Argiens.

Tibur Argeo positum colono.

Ce qu'il y a de certain, c'est que cette ville célèbre est plus ancienne que Rome, dont elle est éloignée de dix-huit milles. Tour à tour l'ennemie ou l'alliée des Romains, elle finit par obtenir le droit de cité, et devint ville municipale. La bonté de l'air qu'on y respire, la variété et l'aspect pittoresque des sites, la fraîcheur de ses vallées y attirèrent, pendant les chaleurs brûlantes de l'été, ce que Rome avait de plus distingué et de plus illustre. C'est là que Mécènes, ce puissant protecteur des arts et du talent, fuyait dans sa délicieuse villa le fracas de la ville; Auguste lui-même ne dédaignait pas d'y venir fréquemment, les soins empressés de l'amitié le délassaient du tracas des affaires et du fardeau de l'empire; Horace y puisa ses inspirations empreintes d'une philosophie douce et enjouée, qui font en ce moment nos délices; il ne désirait rien tant que d'y terminer sa vie.

> Sit mihi sedes utinam senectæ;
> Sit modus lasso maris et viarum
> Militiæque.

Salluste, le tendre Catulle, Cassius, Varus ont habité Tivoli. Ils étaient voisins en quelque sorte; ces grands personnages firent la fortune de Tivoli. Après la mort d'Auguste ce beau séjour fut abandonné; le cardinal d'Este est le seul Romain qui l'ait habité depuis Hadrien, encore sa villa estelle dans un état de délabrement qui fait peine. Les seigneurs romains d'aujourd'hui y ont à peine un pied à terre. Les étrangers qui visitent Tivoli durant la belle saison y entretiennent un peu d'abondance. Le territoire est fertile et ne demande qu'à produire; les anciens en tiraient meilleur parti que les habitans actuels.

Sud quæ Tibur aquæ fertile profluent,
Et spissæ nemorum comæ
Fingent Æolio carmine nobilem.

Le pâle olivier est le seul arbre, l'huile qu'on retire du fruit, la seule branche de commerce qui soient cultivés. Cette vue, sans cesse répétée, répand de la monotonie dans le paysage. Il paraît que l'art de faire le vin s'est perdu; celui que l'on boit ici ne mérite pas ce nom. Horace vante le terroir de Tivoli dans une ode à Varus:

Nullam, Vare, sacrâ vite priùs, severis arborem
Circa mite solum Tiburis et mœnia Catilli.

On n'y compte guère que trois ou quatre fortunes dont on puisse parler; cependant ce qui n'est pas commun, chacun des habitans possède un morceau de terre plus ou moins grand, qui suffit pour le mettre à l'abri du besoin. Le Tivolien paraît assez laborieux, ses mœurs y sont plus pures qu'à Rome.

Nous fûmes loger à la Sibylle que sa position doit faire préférer à tout voyageur. L'osteria est contiguë au temple de Vesta. Nous ne voyons plus l'eau qui se précipite au fond de la vallée, mais nous entendons le bruit qu'elle fait en se brisant sur les pointes de rochers. Bravant la fatigue et la faim qui nous talonnait, nous nous donnons le plaisir de voir la grotte de Neptune et le temple aux flambeaux ; une botte de foin est à l'instant allumée, et nous sommes témoins d'un spectacle vraiment magique. L'admiration de mon ami s'exhale par vingt exclamations; pour moi je contemple en silence l'éclat de cette belle nappe d'eau se développant en longs filets d'argent, et nous couvrant d'une poussière humide; la grotte en partie éclairée, en partie dans l'ombre; les masses noires des élégantes colonnes du temple qui se détachent de la Cella blanchie par un léger crépuscule.

Après avoir joui à notre aise, nous remontons prendre le modeste repas qu'on nous avait préparé, et qu'égaie la chanson du joyeux Béranger. De la table au lit il n'y a qu'un pas, surtout lorsque les facultés physiques et morales sont épuisées par l'exercice et l'admiration. Nous nous endormons délicieusement au bruit de la cascade.

Le lendemain nous étions sur pied avec le soleil; un chemin commode, que l'on doit aux soins du général Miollis, lorsqu'il était gouverneur de Rome, conduit sans danger à la grotte de Neptune, d'où nous ne nous lassons pas d'observer l'Anio, glissant sur un lit d'algues et de mousse; malheureusement la grande cascade n'existe plus. On travaille à la rétablir, et l'on nous a assuré qu'elle serait rendue à l'admiration des amateurs pour le mois de mai. A l'inspection de ces lieux, il n'est pas difficile de reconnaître qu'ils ont plus d'une fois subi des révolutions semblables à celle de 1824. D'après la description que Stace fait de la villa de Vopiscus, le fleuve se précipitait près de cette villa. L'Anio coule paisiblement presque jusqu'en face du temple; arrivé là, il se partage en trois bras.

Un des bras s'élance par l'émissaire dit du Bernin, et forme la chute principale depuis que le second a changé de direction; le troisième donne naissance aux cascatelles près de la villa de Mécènes. En remontant, notre attention se porte sur une roue de char antique pétrifiée, tombée là par hasard ou par accident; elle fut découverte lorsqu'on tailla le rocher pour y pratiquer le chemin. En sortant de la grotte de Neptune, l'Anio disparaît sous une masse de rochers que l'on appelle la grotte des Sirènes, sans doute à cause des dangers que courent ceux qui veulent l'examiner de trop près. L'Anio en ressort encore grondant, puis il porte tranquillement le tribut de ses eaux vers le Tibre. Des dix-huit colonnes de travertin cannelées et d'ordre corinthien qui formaient le portique, il n'en reste plus que dix bien conservées. La Cella est ronde et en opus incertum. Des festons et des têtes de bœufs, d'un travail romain et correct, décorent la frise.

En sortant de la ville par la porte Saint-Angelo, on aperçoit à gauche les substructions de la villa de Vopiscus, qui était d'une grande magnificence; elles supportent aujourd'hui un terrain cultivé. Ce Vopiscus fut consul de Rome sous Trajan. Le chemin, suspendu au-dessus de la vallée, suit le contour de la montagne. Nous nous arrêtons souvent pour admirer le panorama qui varie à chaque pas. Tivoli s'élève en amphithéâtre au milieu des oliviers qui tapissent le penchant de la montagne qui l'abrite de ce côté; à une grande profondeur gronde l'Anio. A travers l'espace resserré que laissent entre eux les rochers de la vallée, l'œil parcourt l'étendue de la campagne de Rome, et se repose sur la coupole de St-Pierre qui ressemble à un phare placé dans le désert.

Bientôt nous saluons les pénates d'Horace, situés à mi-côte de la montagne dite *la salita di Emmanuele*. Un petit couvent en l'honneur de St-Antoine les a remplacés.

Un ermite l'habite depuis la retraite des Français. A peine mon ami peut-il trouver dans le jardin une fleur que lui a demandée une muse française. Il ne reste plus que quelques substructions et une petite chambre au fond de laquelle est pratiquée une niche; nous aimons à supposer que là fut le Triclinium, où le joyeux propriétaire, couronné de roses, savourait avec ses amis le Falerne parfumé. Quelques-uns ne veulent pas que ce soit là l'emplacement de la modeste villa d'Horace; tant pis pour eux, ils désenchantent le plus bel endroit de Tivoli. A quelque distance de là apparaissent les cascatelles qui se déploient en nappes argentées sur un fond verdoyant. Qu'elles sont gracieuses ! Quelle agréable fraîcheur s'en exhale! De ses vergers, Horace apercevait la grande chute; il n'en est plus ainsi aujourd'hui, autre preuve que l'Anio passait ailleurs.

Au-dessus d'Horace habitait le galant Catulle. Un aquéduc amenait l'eau de sa villa aux bains de son voisin. Le vieillard destructeur n'a épargné que le souvenir de sa voluptueuse retraite : l'église Santa-Maria in piavola a remplacé l'habitation du poète libertin.

Varus était le voisin d'Horace, Varus fameux par sa défaite et le désespoir d'Auguste, qui, en s'arrachant les cheveux, redemandait à son ombre ses légions si cruellement massacrées par Arminius. L'inégalité des conditions se fait encore sentir parmi ces ruines. La maison du poète est petite, elle annonce un simple particulier qui jouit de l'*aurea mediocritas*. Les fondemens de celle de Varus, presque entiers, embrassent un terrain immense. On devine aisément que le propriétaire était revêtu des premières charges de l'état.

Les restes de la maison de Cynthie arrêtent peu nos pas. Nous sommes sur la route de la villa Hadriana, que l'on peut bien aussi appeler une ville, puisqu'elle a environ sept milles de tour. C'est là qu'Hadrien imita les sites et les édifices qui lui avaient plu davantage lorsqu'il fit le tour des provinces de l'empire. A l'irrégularité qui règne dans le plan général, il n'est pas invraisemblable que l'empereur ait été lui-même l'architecte de sa villa. Elle coûta plus de dix ans de travaux; encore n'en jouit-il pas, ayant été surpris par la mort à Baïes, en 138, lorsqu'elle était à peine achevée. Du temps de Constantin, la villa Hadriana fut dépouillée de la plus belle partie des peintures et statues qui l'ornaient. Il est constant que cet empereur, pour décorer sa nouvelle capitale sur le Bosphore, enleva à Rome, à l'Italie et au reste de l'empire, leurs plus précieux monumens. Le temps et les hommes ont réuni leurs efforts pour la détruire : ils n'ont que trop réussi. En 554, elle servit de quartier-général à Totila, et de logement à ses farouches soldats, qui durent nécessairement y faire de grands dégâts. Les Lombards, les plus destructeurs des barbares, les guerres civiles du moyen-âge furent fatales à cette villa. Elle a servi de carrière pour bâtir les édifices modernes. Ses colonnes et ses statues qui ne furent pas propres à la construction des églises, ont été réduites en chaux. Encore aujourd'hui, on ne cesse d'en arracher des matériaux, et souvent ce que l'on a vu en automne a disparu au printemps suivant. Pie II aimait beaucoup à visiter cette villa. « A environ trois milles de Tivoli, dit-il dans une de ses lettres, l'empereur Hadrien bâtit une villa magnifique qui ressemble à une grande forteresse. Il en reste encore les voûtes vastes et hardies des temples, les admirables colonnes des péristyles, des portiques élevés, des traces de la piscine et des bains, où une dérivation de l'Anio rafraîchissait des ardeurs de l'été. Le temps a tout dégradé, le lierre rampe le long de ces murs que décoraient des peintures et des draperies d'or; les épines et les ronces couvrent les endroits où s'asseyait le tribun revêtu de la pourpre; les serpens habitent les appartemens de l'impératrice, tant est fragile la nature des choses humaines. » Elle a encore bien perdu depuis.

De loin, on distingue l'enceinte de la villa Hadriana, aux rangées de cyprès, dont l'aspect lugubre semble déplorer la destruction de cette maison de délices d'un empereur. Ses ruines, semblables à des squelettes, s'aperçoivent à travers leur sombre verdure. Elle s'élève sur plusieurs esplanades dont la base est de tuf volcanique. La plupart des édifices sont portés sur des substructions admirables par leur étendue et leur élévation, qui, en certains endroits, deviennent gigantesques. Ces substructions étaient nécessitées par l'irrégularité du terrain.

Nous retrouvons successivement le théâtre grec divisé en deux parties égales; l'une circulaire, vers le midi, contient encore les gradins sur lesquels s'asseyaient les spectateurs, l'autre a la forme d'un parallélogramme; là se trouvaient l'orchestre et la scène. Ces théâtres n'avaient que la voûte du ciel pour couverture. Aussi à proximité se trouvait un portique où l'on s'abritait en cas de pluie. Le théâtre latin est à l'orient de celui-ci : on n'en reconnaît plus rien. La palestre qui avait la forme d'un trapèze, était située entre les deux théâtres. On n'en voit que quelques débris qui pointent à travers la culture. De la palestre on passe dans la nymphée, ou vaste réservoir d'eau. Entre ce bassin et le théâtre grec, s'élève le casin moderne, habité par le gardien. Le Pécile d'Athènes, espèce de portique où la peinture consacrait le souvenir des hauts faits, avait 890 palmes de long, et 40 de hauteur. Le mur, en partie d'opus reticulatum, se soutient encore, preuve de son excellente construction. Le pinceau de Polygnote y avait retracé la bataille de Marathon, et Miltiade à la tête des Grecs. Le droit de cité fut sa récompense. Le Canope égyptien et le temple de Sérapis qui le termine, en partie conservé; c'est là que furent trouvées les belles statues égyptiennes qui décorent le Canope du Capitole. De la terrasse du palais impérial, l'œil se promène agréablement sur un vallon cultivé qui figurait le Tempé de Thessalie; au fond coule un ruisseau, ou mieux un filet d'eau qu'on se plaisait à nommer le Pénée. Ce qu'il y a encore de plus entier, sont les chambres des gardes prétoriennes, que le peuple appelle les *cento camerelle;* elles ont deux étages et reçoivent le jour par la porte et la fenêtre placée au-dessus. Des restes de stuc d'une main légère et correcte, ornent encore une partie des plafonds, et donnent en même temps une haute idée de la magnificence et du bon goût des anciens.

J'oubliais de te dire qu'avant nous avons déjeuné chez la *custode*. Elle n'a pu nous servir qu'une omelette, du vinaigre pour du vin, et un verre pour deux; et cela sur une table de marbre du temps d'Hadrien, trouvée dans une des fouilles faites à la villa. En vérité elle semblait honteuse de supporter un pareil repas.

De la villa d'Hadrien nous remontons vers celle de Brutus et de Cassius. Sa situation convient bien au caractère ombrageux de ces fiers amans de la liberté. Elle est isolée, dans l'endroit le plus sauvage de la montagne, loin et hors de la vue de Tivoli.

De là ils avaient l'œil sur Rome, et épiaient les démarches de César.

Il reste peu de chose de celle de l'historien Salluste, à un demi-mille de là. Nous visitons avec beaucoup d'intérêt l'habitation de Mécènes. Une cour en forme de terrasse, fermée de trois côtés, offre une belle vue sur la campagne de Rome; un des côtés et ses colonnes subsistent encore. Cette villa sert aujourd'hui d'arsenal. On aperçoit aussi un reste de portique qui semble avoir fait partie d'un temple d'Hercule. La cathédrale a pris sa place et s'est embellie de ses débris : on y voit en effet plusieurs colonnes de jaspe.

La villa d'Este est dans le voisinage. Elle fut bâtie vers le milieu du XVe siècle, par le cardinal Hippolyte d'Este. Les jardins ont été dessinés par le fameux Le Nôtre; L'Arioste y composa plusieurs de ses immortels poëmes.

Nous avons tout admiré, il est temps de songer à notre retour. Nous nous faisons servir un bon dîner sous le péristyle du temple de Vesta, pour jouir une dernière fois d'un pays si riche en souvenirs historiques et pittoresques. Adieu délicieuses vallées de Tibur; le bruit de vos cascades retentira long-temps à mes oreilles. Ruines célèbres, je perdrai le sentiment avant que votre souvenir s'efface de ma mémoire. La nuit qui commence à voiler les objets, nous permet encore de distinguer le tombeau de Plotia, qui a toute sorte d'analogie avec celui de Cecilia Metella. Le lac de la Solfatara, où sont les îles flottantes, s'annonce de loin par son odeur de soufre et d'œufs pourris. Enfin, il est minuit, et nous revoyons, au grand contentement de nos jambes, les chers pénates. Je ne me permets cependant du repos, qu'après avoir renouvelé par la pensée les sensations agréables qui viennent de se succéder avec la rapidité de l'éclair.

www.ingramcontent.com/pod-product-compliance
Ingram Content Group UK Ltd.
Pitfield, Milton Keynes, MK11 3LW, UK
UKHW020232200726
13856UKWH00004B/1713